SALADE SAUVAGE
le 100g
3€

CUISINE LIBRE

PIERRE AUGÉ

CUISINE LIBRE

P I E R R E   A U G É

Photographies (texte et reportage) : Philippe Vaurès-Santamaria
Photographies de portrait (sur bandeau et couverture) : Mathieu Blayac
Stylisme : Caroline Wietzel

hachette
CUISINE

SOMMAIRE

PETIT PIERRE À CŒUR OUVERT

par Laurent Vermorel, journaliste à *Midi Libre*

Quel est le chef ou les chefs que tu admires le plus ?
Ce sont les chefs avec qui j'ai travaillé car ils m'ont tous fait grandir : Éric Fréchon, Yves Camdeborde, Pierre Gagnaire, Frédéric Anton, Alain Solivérès... pour ne citer qu'eux.

Est-ce l'un d'eux qui t'a donné le goût de faire de la restauration ?
Non, celui qui m'a donné le goût de faire de la restauration, c'est mon père. J'ai baigné dans ce milieu depuis mon plus jeune âge. D'abord en salle parce que j'aimais le contact humain avec le client et puis, ensuite, en cuisine. Il faut savoir que mon grand-père paternel était boucher maquignon et mon père a repris le flambeau de la boucherie-charcuterie familiale en ajoutant deux cordes à son arc : la pâtisserie et la partie traiteur.

Quel est le produit que tu affectionnes le plus ?
Le problème c'est que j'aime tous les produits. Je suis les saisonnalités. Et je me fais le défenseur des produits que les gens n'aiment pas ou aiment moins.

L'odeur qui te fait saliver en cuisine ?
Peu importe ce qu'elle dégage mais c'est la première marmite que je mets sur le feu le matin quand je commence à rôtir une viande ou que je fais mijoter des légumes. J'ai l'impression de repartir tous les jours à zéro. C'est l'envie qui se réveille à travers l'odeur et qui me stimule.

Avec le recul, que t'a apporté l'aventure Top Chef ?
Elle m'a appris à me canaliser, à évoluer dans mon métier, à apprendre à mieux dresser, à aller plus loin dans la démarche des produits. En un mot, à trouver mon identité. C'est une étape importante dans ma vie de cuisinier.

Un petit génie t'offre un vœu, comment l'utilises-tu ?
Un monde sans argent.

Si je te dis : « Non, ce n'était pas le radeau de la Méduse ce bateau... », qu'est-ce que tu me réponds ?
Les copains d'abord, évidemment. Pour moi, l'amitié c'est primordial. Sans la famille, les amis et les copains, on n'est pas grand-chose. Pour moi, en tout cas, c'est mon oxygène...

Malgré le fait que Béziers soit souvent décriée, tu restes l'un de ses principaux défenseurs, pourquoi ?
Je crois en ma ville et je croirai toujours en elle. Elle connaît aujourd'hui des hauts et des bas et même si elle a perdu son lustre d'antan, elle peut renaître de ses cendres car elle a un super potentiel. Il faut juste arrêter de la jouer individualiste et travailler tous ensemble pour la tirer vers le haut. Ici, on a tout, la tauromachie, le vin, la mer aux portes de la ville, le rugby avec l'ASBH, le volley-ball avec les Angels...

Quel est le plat que tu rêves d'inventer ou que tu aurais aimé inventer ?
Je ne suis pas quelqu'un qui aime les plats signatures. Pour moi, le plus important, c'est que les gens prennent du plaisir quand ils viennent manger à la Maison de Petit Pierre. C'est une satisfaction que je ne peux pas expliquer mais, en tout cas, c'est ce qui me pousse à continuer ce métier.

Quel est pour toi le dîner idéal ?

Pour moi, c'est celui que je partage avec ma famille, mes parents, ma femme, mes enfants, mes amis et les enfants de mes amis.

Où vas-tu trouver toutes ces idées de plats et de compositions d'assiettes ?

Je suis quelqu'un qui réfléchit beaucoup, qui se remet énormément en question, qui se fixe sans cesse de nouveaux challenges, pour avancer et aller plus loin. Quant au côté esthétique de mon restaurant, de mes assiettes, de ma déco en général, je le tiens de ma maman. Pour elle, chaque détail a son importance. Et elle m'a transmis cette philosophie.

Si je débarque en short dans ton restaurant, est-ce que tu m'acceptes ?

Bien sûr, les shorts ne sont pas interdits, il n'y a pas écrit « restaurant » sur la façade mais « Maison de Petit Pierre ». Donc on accepte tout le monde, des costards-cravates aux shorts-débardeurs. Il n'y a que les casse-pieds et les râleurs qui ne sont pas les bienvenus parce que je pars du principe que le plus pénible dans le restaurant, ce doit être moi !

Être un bon cuisinier, est-ce aussi savoir bien s'entourer ?

Oui absolument. Seul, on n'est rien, c'est ensemble qu'on avance. J'ai la chance de pouvoir m'appuyer sur une équipe fidèle au restaurant mais également sur des fournisseurs extrêmement compétents. Je travaille beaucoup avec les locaux, que ce soit en viandes, poissons et fruits et légumes. Trouver de bons fournisseurs, c'est la base de notre métier.

Pour toi, est-ce que bonne cuisine rime avec bonne cuvée ?

J'adore les bons vins, ils viennent sublimer le repas. Et ce qui est sympa dans la viticulture, c'est qu'il n'y a pas que les grandes cuvées qui font chavirer les cœurs. Dénicher de petites pépites réalisées par de petits producteurs me procure une grande fierté que j'adore faire partager aux épicuriens qui viennent dans mon établissement. Ma carte propose d'ailleurs des cuvées à tous les prix, pour contenter toutes les bourses.

Partir en quête d'une étoile ne t'a jamais tenté, pourquoi ?

Pour l'instant, ce n'est pas ma priorité car je suis plus dans l'esprit de convivialité, de partage et de faire plaisir au plus grand nombre. Chez moi, tout le monde est logé à la même enseigne. Il n'y a pas de VIP. Par rapport à nos prix, on fait plus de la bistronomie que de la gastronomie à proprement parler. On essaie de bien faire, avec de bons produits au juste prix.

Encouragerais-tu tes enfants à continuer à écrire l'histoire de cette belle saga familiale ?

Mes deux enfants, Manon, 8 ans, et Gabin, 3 ans, sont souvent en cuisine avec moi et prennent beaucoup de plaisir. Après, ils feront ce qu'ils voudront. En tout cas, ils sont conscients qu'un chef ne compte pas ses heures.

À quoi rêves-tu aujourd'hui ?

Je vois mon avenir à Béziers, mais en prenant un peu de recul en cuisine. Avoir tout le temps la tête dans le guidon depuis vingt-trois ans, ce n'est pas très bon. Surtout quand on est, comme moi, dans la restauration depuis l'âge de 14 ans. Lever un peu le pied, c'est quelque chose qui me tient à cœur, pour prendre de la hauteur et trouver un second souffle.

Après les plateaux télé, les radios et ta bande dessinée, pourquoi cette envie soudaine de publier un livre de recettes ?

Ce n'est pas mon premier livre. Il y a 13 ans, j'en avais déjà édité un, tout seul. Mais là c'est autre chose, c'est mon livre du moment. Et c'est une grande fierté qu'Hachette ait concrétisé ce projet qui découle d'une rencontre entre deux hommes : le photographe de talent qu'est Philippe Vaurès et moi-même.

Quelle est ta devise ?

On n'a qu'une vie, autant la réussir plusieurs fois.

Le mot de la fin ?

Il faut croire en ce que l'on fait et être heureux de vivre.

1

LÉGUMES

Choux Fleurs

KG
0.100
€/KG
0.00
NET
€
0.00
DIGI
DS-685

Pour 4 personnes • 15 min de préparation • 11 min de cuisson

RIZ AU LAIT D'OIGNONS DOUX DES CÉVENNES,

ROGNON DE VEAU CENDRÉ ET CONDIMENT BALSAMIQUE DE MODÈNE

- 100 g d'oignons doux
- ½ gousse de vanille
- 40 g de lait
- 25 g de crème liquide
- 10 g de beurre
- 1 pièce de rognon de veau (environ 400 g)
- 1 pièce de charbon noir végétal
- condiment ou vinaigre balsamique de Modène

POUR LE RIZ AU LAIT D'OIGNONS DOUX DES CÉVENNES

• Ciselez les oignons doux et ajoutez la vanille, le lait et la crème liquide. • Faites cuire environ 8 min à la casserole à feu vif. • Réservez au réfrigérateur.

POUR LE ROGNON DE VEAU

• Faites rôtir au beurre noisette le rognon de veau durant 3 min. • Grattez une pièce de charbon noir végétal et frottez-en le rognon à l'aide d'un pinceau pour lui donner un goût cendré.

FINITION

• Déposez le rognon cendré chaud sur le riz au lait d'oignons froid et ajoutez un filet de vinaigre balsamique.

Pour 4 personnes • 30 min de préparation • 40 min de cuisson

MOUSSELINE DE TOPINAMBOUR AU CAFÉ,

TRUFFES ET CHAMPIGNONS

- 200 g de topinambours
- 10 g d'huile de tournesol
- 20 g de beurre
- 200 g de fond blanc de volaille
- 5 g de café moulu
- 5 champignons boutons
- Quelques feuilles d'oseille
- 20 g de truffe noire de pays
- Fleur de sel
- Poivre

POUR LA MOUSSELINE DE TOPINAMBOUR

• Lavez les topinambours sans les éplucher. • Taillez-les en gros morceaux de taille égale et faites-les revenir environ 25 min dans une casserole avec l'huile de tournesol et 10 g de beurre. • Mouillez avec le fond blanc de volaille et laissez cuire environ 15 min. • Mixez à l'aide d'un blender, puis ajoutez 10 g de beurre et le café moulu. • Salez et poivrez.

FINITION

• Dressez en fond d'assiette 1 grosse cuil. à soupe de mousseline de topinambour. • Râpez à la mandoline les champignons boutons, 5 g de truffe noire de pays par assiette et parsemez de quelques feuilles d'oseille et d'une pincée de fleur de sel.

Pour 4 personnes • 25 min de préparation • 35 à 45 min de cuisson • 20 min de fumage

OIGNON DOUX DU VIGAN FUMÉ ET CONTISÉ AUX TRUFFES,

SABAYON BEURRE NOISETTE

- 2 oignons doux (environ 150 g chacun)
- 2 feuilles de thym de garrigue
- 6 feuilles de laurier
- 10 g de gros sel de mer
- 15 g de truffes
- 200 g de beurre noisette
- 6 jaunes d'œufs

POUR LES OIGNONS DOUX DU VIGAN FUMÉS ET CONTISÉS AUX TRUFFES

• Faites cuire les oignons dans 1 l d'eau avec le thym, le laurier et le gros sel à petit feu pendant 30 à 40 min. • Sortez les oignons du bouillon et laissez refroidir. • Taillez de belles lamelles de truffe d'environ 0,5 cm et coupez l'oignon en deux. • Enlevez un par un les pétales de celui-ci puis reconstruisez l'oignon en intercalant une lamelle de truffe, un pétale d'oignon, et ainsi de suite. • Fumez les oignons ainsi reconstruits environ 20 min à couvert à l'aide d'une pipe à fumée. • Laissez reposer.

POUR LE SABAYON BEURRE NOISETTE

• Faites fondre le beurre noisette puis réservez. • Dans une casserole, cassez les jaunes d'œufs, ajoutez 1 cuil. à soupe d'eau et montez le sabayon à petit feu pour le faire épaissir pendant environ 5 min : le sabayon est cuit quand on voit le fond de la casserole et qu'il tient bien, sans accrocher. • Passez le beurre noisette au chinois étamine et ajoutez-le en filet dans les jaunes d'œufs montés.

FINITION

• Déposez 1 cuil. de sabayon au beurre noisette au centre de l'assiette.
• Coupez délicatement les oignons en deux. • Ajoutez une pincée de fleur de sel sur les oignons et déposez-les au centre de l'assiette sur le sabayon.
• Décorez avec quelques feuilles de salade sauvage.

Pour 4 personnes • 30 min de préparation • 5 min de cuisson • 3 h de réfrigération

FOIE GRAS CRU EN FINE GELÉE DE RAISIN,

PICKLES DE GIROLLES ET DE GRENADE

- 600 g de foie gras cru
- Sel fin et poivre noir
- 200 g de raisin muscat
- 2 feuilles de gélatine
- 200 g de vin blanc
- 100 g de vinaigre blanc
- 10 g de petites girolles
- 10 g de grenade
- 1 mangue pas trop mûre
- Quelques feuilles d'oxalis
- 4 boutons de guêtre (ou petits champignons de Paris)

POUR LE FOIE GRAS EN GELÉE

• Éveinez le foie gras puis assaisonnez-le en ajoutant 6 g de sel fin et 1 g de poivre noir. • Étalez le foie à l'aide d'un rouleau à pâtisserie entre deux feuilles de papier sulfurisé sur environ 1 cm d'épaisseur. • Réservez au réfrigérateur environ 2 h. • Centrifugez le raisin puis ajoutez au jus les feuilles de gélatine préalablement trempées dans de l'eau froide. • Réservez 1 h au réfrigérateur. • Détaillez le foie gras à l'aide d'un emporte-pièce de 10 cm de diamètre. • Déposez-le au centre d'une assiette. • Donnez un coup de mixeur à la gelée et déposez-la en un voile sur le foie gras, puis réservez au frais.

POUR LES PICKLES DE GIROLLES ET DE GRENADE

• Faites bouillir le vin blanc avec le vinaigre blanc puis ajoutez les girolles et la grenade. • Retirez aussitôt du feu et laissez refroidir les pickles dans le jus.

FINITION

• Découpez quelques lamelles de mangue. • Pour le dressage, déposez le foie gras en gelée, quelques pickles de girolles, de grenade, quelques feuilles d'oxalis, des lamelles de champignons et quelques lamelles de mangue.

Pour 4 personnes • 30 min de préparation • 1 h 10 de cuisson

NAVET DU PARDAILHAN À LA FÈVE TONKA,

CANETTE RÔTIE EN FEUILLE DE CERISIER

- 1 gros navet du Pardailhan (env. 200 g)
- 10 g d'oignon
- 5 g de céleri branche
- 10 g de carotte
- 20 g de lard fumé
- 1 branche de thym
- 1 feuille de laurier
- 20 g de beurre pommade
- 10 g de chapelure
- 2 g de fève tonka en poudre
- 1 g de sel fin
- 4 filets de canette
- 4 feuilles de cerisier
- 10 g de jus de daube
- Quelques feuilles d'oseille

POUR LE NAVET GRATINÉ

• Lavez le navet sans l'éplucher. • Taillez-le en 4 lamelles régulières. • Ciselez l'oignon et taillez le céleri branche en brunoise. • Taillez la carotte en dés. • Préchauffez le four à 160 °C (th. 5-6). • Faites revenir le lard fumé avec la carotte, l'oignon, le céleri branche, le thym et le laurier. • Mouillez avec 2 l d'eau. • Portez à ébullition et ajoutez le navet. • Faites cuire à couvert au four ventilé pendant 1 h. • Mélangez le beurre pommade avec la chapelure, la fève tonka en poudre et le sel fin pour réaliser une panure. • Recouvrez-en le navet sur environ 2 mm d'épaisseur et mettez à gratiner au four 2 min à 180 °C (th. 6). • Réservez.

POUR LA CANETTE

• Préchauffez le four à 180 °C (th. 6). • Faites rôtir à la poêle les filets de canette côté peau pendant 2 min. • Ajoutez 1 feuille de cerisier sur chaque canette côté peau et poêlez la feuille 1 min. • Retournez les filets de canette et enfournez pour 5 min de cuisson.

FINITION

• Dressez la canette et les feuilles de cerisier sur un côté de l'assiette, le navet gratiné sur l'autre côté et versez le jus de daube au centre. • Ajoutez quelques feuilles d'oseille.

Pour 4 personnes • 30 min de préparation • 1 h de cuisson

IMPRIMÉ DE SAINT-JACQUES, CHOU ROUGE VINAIGRÉ

ET JUS DE BARBE AU VIN ROUGE

- 12 coquilles Saint-Jacques
- Fleur de sel de Camargue
- 200 g de chou rouge de pays
- 2 cl de vinaigre de xérès Spignola
- 50 g d'oignons
- 10 g de carotte (en petits dés)
- 10 g de céleri branche (en petits dés)
- 1 branche de thym
- 1 feuille de laurier
- 30 g de farine
- 2 l de vin rouge
- 30 g de sang frais de porc
- 300 g de brocoli
- 150 g de pommes (environ 1 ½ pomme)
- 50 g de dattes
- 30 g d'huile d'olive + pour l'assaisonnement
- 1 g de piment d'Espelette
- Sel

POUR LES SAINT-JACQUES

• Ouvrez les coquilles Saint-Jacques et lavez-les sous l'eau froide. • Gardez et lavez les barbes également abondamment. • Réservez. • Salez les saint-jacques à la fleur de sel (comptez 3 g pour 1 kg de noix de saint-jacques). • Réservez au réfrigérateur 20 min, puis rincez sous l'eau froide. • Coupez les noix de saint-jacques en deux et réservez à plat.

POUR LE CHOU ROUGE VINAIGRÉ

• Taillez le chou rouge à environ 2 mm. • Assaisonnez de 10 cl d'huile d'olive, de vinaigre de xérès Spignola et d'une pointe de sel. • Déposez le chou taillé sur les saint-jacques et laissez-le pendant environ 15 min, de sorte que le chou s'imprègne, puis ôtez-le.

POUR LE JUS DE BARBE AU VIN ROUGE

• Faites revenir les barbes de saint-jacques à la poêle avec 10 g d'huile d'olive. • Ajoutez les oignons ciselés, les brunoises de carottes et de céleri branche, le thym et le laurier. • Saupoudrez de farine. • Torréfiez le tout 1 min et mouillez avec le vin rouge. • Préchauffez le four à 140 °C (th.4-5). • Portez à ébullition et flambez. Enfournez pour 1 h de cuisson. • Passez le jus au chinois étamine et liez la sauce avec le sang frais. • Rectifiez l'assaisonnement et réservez.

POUR LA CRÈME DE BROCOLI

• Faites cuire le brocoli à l'eau bouillante salée environ 5 min, puis refroidissez-le dans de l'eau glacée. • Mixez-le au blender avec 10 g d'huile d'olive et le piment d'Espelette.

POUR LA POUDRE POMME-DATTES

• Coupez les pommes et les dattes en petits dés et enfournez à 60 °C (th.2) pour 3 h de cuisson. • Laissez sécher puis mixez finement jusqu'à l'obtention d'une poudre.

FINITION

• Déposez 1 cuil. à soupe de poudre pomme-dattes. • Dressez 1 cuil. à soupe de chou rouge et déposez les saint-jacques, la crème de brocoli et les feuilles d'oxalis.

Pour 4 personnes • 20 min de préparation • 25 min de cuisson • 25 min de repos

LÉGUMES À LA GRECQUE, SUR GELÉE DE CHOU ROUGE

PURÉES DE BROCOLI ET DE RHUBARBE

- 500 g de chou rouge
- 5 g de sel fin
- 4 feuilles de gélatine
- 15 g d'huile d'olive
- 60 ml de vinaigre blanc
- 12 mini-carottes
- 10 cl de vin blanc
- 1 branche de thym
- 1 branche de laurier
- Poivre noir en grains
- 1 clou de girofle
- 1 betterave
- 1 radis noir
- 1 navet blanc
- Vinaigre de sapin
- Vinaigre de xérès
- 100 g de brocoli
- 300 g de rhubarbe
- 1 pincée de fleur de sel
- 20 g d'œufs de harengs fumés
- Quelques feuilles d'oxalis

POUR LA GELÉE DE CHOU ROUGE

• Lavez et taillez en gros dés le chou rouge. • Faites-le cuire environ 20 min dans 3 l d'eau avec le sel fin. • Passez au chinois étamine et récupérez 500 g de ce jus violet. • Ajoutez-y les feuilles de gélatine, 10 g d'huile d'olive et 10 ml de vinaigre blanc. • Coulez la gelée dans une assiette à rebord sur 3 mm d'épaisseur. • Laissez prendre 15 min au réfrigérateur.

POUR LES LÉGUMES À LA GRECQUE

• Faites revenir les mini-carottes dans une casserole avec le vin blanc, 50 ml de vinaigre blanc, 2 grains de poivre noir, le thym, le laurier et le clou de girofle. • Faites cuire pendant 2 min à ébullition puis laissez reposer hors du feu dans le jus jusqu'à refroidissement. • Taillez la betterave, le radis noir et le navet blanc en lamelles de 1 mm d'épaisseur. • Réservez 10 min dans de l'eau glacée. • Essorez-les et assaisonnez-les avec un filet d'huile d'olive, quelques gouttes de vinaigre de sapin, et quelques gouttes de vinaigre de xérès.

POUR LA PURÉE DE BROCOLI

• Faites cuire le brocoli à l'eau bouillante salée. • Faites refroidir et mixez au blender.

POUR LA PURÉE DE RHUBARBE

• Épluchez la rhubarbe et détaillez-la en bâtonnets. • Faites-la cuire à couvert pendant 5 min. • Faites refroidir et mixez. • Assaisonnez avec 5 g d'huile d'olive et 1 pincée de fleur de sel.

FINITION

• Déposez une cuil. à soupe de purée de brocoli, puis la gelée, une pointe de purée de rhubarbe et les légumes assaisonnés, les œufs de hareng fumé et quelques feuilles d'oxalis.

Pour 4 personnes • 10 min de préparation • 20 min de cuisson

SALADE EN CHAUD-FROID DE CHOUX-FLEURS

ET PRALINÉ DE CACAHUÈTES À LA FLEUR DE SEL

- 1 chou-fleur blanc
- 20 g de pâte de cacahuètes
- 100 g de cacahuètes
- 400 g de choux-fleurs de couleurs différentes
- 1 g de fleur de sel + pour l'assaisonnement
- Huile d'olive
- 2 oignons
- Quelques feuilles d'oxalis de différentes couleurs
- Sel et poivre long

POUR LE CHOU-FLEUR

• Découpez le chou-fleur blanc en fleurettes et faites-le cuire 10 min à l'eau bouillante salée. • Mixez-le au blender avec la pâte de cacahuètes • Assaisonnez avec du sel et du poivre long.
• Préchauffez le four à 160 °C (th. 5-6).

POUR LE PRALINÉ DE CACAHUÈTES

• Disposez les cacahuètes sur une plaque allant au four et enfournez-les 10 min pour les torréfier. • Mixez les cacahuètes avec 1 g de fleur de sel pour obtenir un praliné.

POUR LA SALADE

• Taillez à la mandoline 100 g de choux-fleurs de couleur par personne.
• Assaisonnez d'huile d'olive et de fleur de sel.

POUR LA POUDRE D'OIGNONS

• Coupez les oignons en fines lamelles et déposez-les sur une plaque de cuisson. • Enfournez à 180 °C (th. 6) pour 10-15 min de cuisson jusqu'à ce qu'ils soient presque brûlés et secs. • Laissez refroidir puis mixez jusqu'à obtention d'une poudre et passez au tamis.

FINITION

• Déposez 1 cuil. à café de praliné de cacahuètes en fond d'assiette, ajoutez la purée, la salade dessus, quelques feuilles d'oxalis de différentes couleurs et la poudre d'oignons.

Pour 4 personnes • 30 min de préparation • 25 min de cuisson

CRÊPE SOUFFLÉE AUX ASPERGES SAUVAGES,

JAMBON BLANC IBÉRIQUE ET TRUFFES DE PAYS

Pour la pâte à crêpe :
- 80 g de farine
- 100 g d'œufs
- 250 g de lait
- 50 g de beurre noisette

Pour la béchamel :
- 60 g de beurre
- 60 g de farine
- 500 g de lait demi-écrémé
- 100 g d'Ossau-Iraty

Pour l'appareil à soufflé :
- 50 g d'oignons doux ciselés
- 100 g de jambon ibérique
- 100 g d'asperges sauvages
- 20 g de truffes hachées
- 2 blancs d'œufs

POUR LA PÂTE À CRÊPE

• Mélangez la farine, les œufs, le lait et le beurre. • Faites cuire la pâte en plusieurs fois dans une poêle à blinis.

POUR LA BÉCHAMEL

• Faites fondre le beurre dans une casserole. • Ajoutez la farine, mélangez au fouet et versez le lait. • Laissez cuire sur le feu sans cesser de fouetter. • Une fois la béchamel épaissie, ajoutez l'Ossau-Iraty râpé. • Réservez.

POUR L'APPAREIL À SOUFFLÉ

• Faites revenir les oignons avec le jambon et les asperges. • Ajoutez les truffes et déglacez avec 10 g d'eau. • Laissez cuire jusqu'à évaporation de l'eau. • Ajoutez ce mélange à la béchamel. • Montez les blancs d'œufs en neige et incorporez-les dans la béchamel froide. • Rectifiez l'assaisonnement.

FINITION

• Préchauffez le four à 180 °C (th. 6). • Déposez 1 grosse cuil. à soupe d'appareil à soufflé sur la moitié d'une crêpe et refermez. • Enfournez pour 3 min cuisson. • Dégustez chaud avec quelques lamelles de truffe (facultatif) et des feuilles d'oseille.

Pour 4 personnes • 30 min de préparation • 2 h 05 de cuisson • 4 h de réfrigération

ASPERGES VERTES DE PORTIRAGNES,

JARRET DE VEAU CARAMÉLISÉ, KUMQUAT ET MAYONNAISE AU FOIE GRAS

- 12 asperges
- 1 filet d'huile d'olive
- 1 jarret de veau
- 5 l de bouillon de légume
- 1 cuil. à soupe de sauce soja
- 1 œuf mollet
- 100 g de foie gras
- 12 lamelles de kumquats crus
- Condiment blanc de vinaigre de Modène
- Fleur de sel
- Sel, poivre

POUR LES ASPERGES

• Faites cuire à l'anglaise (à l'eau bouillante salée) les asperges vertes pendant 2 min. • Faites refroidir en les plongeant dans un bain glacé. • Taillez les asperges en biseau, assaisonnez d'un filet d'huile d'olive et d'une pincée de fleur de sel.

POUR LE JARRET

• Faites cuire pendant 2 h le jarret de veau dans le bouillon de légumes. • Ôtez l'os une fois cuit et conservez le bouillon. • Taillez dans le jarret des morceaux un peu gros et irréguliers. • Mettez-les à poêler dans une poêle en téflon pendant 1 min de chaque côté et déglacez avec la sauce soja.

POUR LA MAYONNAISE DE FOIE GRAS

• Dans un blender, mixez l'œuf mollet et 50 g de bouillon de cuisson du jarret. • Poêlez le foie gras pendant 1 min de chaque côté et versez-le avec le gras dans le blender pour émulsionner. • Salez, poivrez et réservez au frigo 4 h pour que la mayonnaise durcisse.

FINITION

• Dressez au milieu de l'assiette, deux petites quenelles de mayonnaise de foie gras, les asperges, quelques lamelles de kumquats, les morceaux de jarret tiédis, quelques feuilles d'oseille, et arrosez d'un condiment blanc de vinaigre de Modène.

2

HERBES ET AROMATES

SALADE
SAUVAGE
les 100 g 3 €

SHILTON

SHILTON

Pour 4 personnes • 30 min de préparation • 24 min de cuisson • 2 h de réfrigération

MIMOSA DE POIREAUX,

GRIBICHE RELEVÉE À L'ANCHOIS DE COLLIOURE

- 2 gros poireaux
- 100 g de filet de merlu
- 10 g de blancs d'œufs
- 1 pincée de piment d'Espelette
- 500 g de crème liquide
- 1 jaune d'œuf
- 10 g de moutarde Savora®
- 20 g d'huile de tournesol
- 2 œufs durs hachés
- 10 g de persil ciselé
- 3 g d'anchois hachés
- 2 g de vinaigre de xérès Spignola
- Sel
- Poivre noir moulu

Pour la pâte sablée :

- 250 g de farine
- 125 g de beurre mou
- 2 jaunes d'œufs
- 10 g d'eau
- 1 g de sel fin

• Préchauffez le four mixte vapeur à 140 °C. • Lavez les poireaux. • Séparez les blancs des verts. • Enfournez pour 20 min de cuisson mixte vapeur.
• Laissez refroidir. • Taillez des tronçons d'environ 3 cm de longueur. • Retirez les cœurs de chacun des tronçons afin d'obtenir des cylindres vides.

POUR LA FARCE FINE DE MERLU

• Baissez le four vapeur à 100 °C. • Mixez le filet de merlu avec les blancs d'œufs, 1 g de sel fin, le piment d'Espelette et la crème liquide. • Tamisez. • Farcissez la moitié des cylindres de poireaux et enfournez pour environ 4 min de cuisson vapeur.

POUR LA SAUCE GRIBICHE

• Réalisez une mayonnaise avec le jaune d'œuf, la moutarde et l'huile de tournesol.
• Ajoutez les œufs durs, le persil, les anchois, le vinaigre de xérès Spignola, le sel et le poivre noir moulu. • Farcissez les cylindres restants avec la sauce gribiche.

POUR LA PÂTE SABLÉE

• Mélangez tous les ingrédients de la pâte sablée. • Étalez la pâte entre 2 feuilles de papier sulfurisé sur environ 3 mm d'épaisseur et laissez reposer 2 h au réfrigérateur. • Préchauffez le four à 165 °C (th. 5-6). • Taillez de fines allumettes de 5 cm de long sur 3 mm de large. • Enfournez pour environ 8 min de cuisson.

FINITION

• Déposez en fond d'assiette les œufs durs tamisés, puis 3 poireaux farcis au merlu et 3 farcis avec la gribiche. • Ajoutez quelques feuilles de salade sauvage et les bâtonnets de sablés.

Pour 4 personnes • 25 min de préparation • 1 h 05 de cuisson

TAPIOCA AU SAFRAN DE BIZES MINERVOIS,

AÏOLI ET CREVETTES DE VALRAS-PLAGE

- 30 pistils de safran
- 2 g de sel
- 200 g de tapioca
- 1 pomme de terre
- 1 gousse d'ail
- 1 jaune d'œuf
- 10 g d'huile d'olive
- 1 brocoli
- 32 crevettes
- 30 g de farine
- 30 g de blancs d'œufs
- Panure japonaise (type panko)
- 10 g de carotte
- 5 g de céleri branche
- 10 g d'oignon
- 1 branche de thym
- 1 feuille de laurier

POUR LE TAPIOCA AU SAFRAN

• Portez 2 l d'eau à ébullition avec les pistils de safrans et le sel. • Ajoutez le tapioca. • Faites cuire environ 20 min à frémissement. • Quand les billes de tapioca sont translucides, rincez abondamment sous l'eau froide. • Réchauffez avant de servir.

POUR L'AÏOLI

• Faites cuire la pomme de terre 15 min dans une casserole d'eau bouillante. • Ajoutez la gousse d'ail écrasée au mortier et le jaune d'œuf. • Montez au fouet avec l'huile d'olive. • Réservez.

POUR LA MOUSSE DE BROCOLI

• Coupez les sommités du brocoli et plongez-les dans une casserole d'eau bouillante salée pendant 5 min. • Mixez avec un filet d'huile d'olive, du sel et une pincée de piment d'Espelette.

POUR LES CREVETTES FRITES

• Décortiquez les crevettes et conservez les carcasses. • Panez-les dans la farine, les blancs d'œufs et la panure. • Faites frire à 180 °C à la friteuse.

POUR LE BOUILLON DE CRUSTACÉS

• Saisissez les carcasses de crevettes dans une casserole avec un filet d'huile d'olive. • Ajoutez la carotte, le céleri branche, l'oignon, le thym et le laurier. • Portez à ébullition dans 1 l d'eau et laissez cuire 30 min à frémissement. • Mixez et passez au chinois étamine. Liez au roux sur le feu en ajoutant 20 g de beurre fondu et 20 g de farine, jusqu'à obtenir une consistance sirupeuse.

FINITION

• Déposez en fond d'assiette une cuil. à café d'aïoli, les crevettes en cercle, la mousse de brocoli, le tapioca au safran au centre. • Servez le bouillon à part : chaque convive versera une petite louche au centre de son plat.

3

MER

Pour 4 personnes • 35 min de préparation • 10 min de cuisson

GAMBAS ROUGES DE PALAMOS,

FEUILLE DE CHOU ET LAITUE DE MER

- 20 gambas rouges de Palamos
- Huile à frire
- 3 g de fleur de sel
- 3 g de piment d'Espelette
- 4 feuilles de chou vert
- 10 g de sauce soja
- 4 g de saké
- 4 morceaux de laitue de mer (algue)
- 10 g de cerfeuil haché
- 1 g d'ail haché
- 2 g de Viandox®
- Huile d'olive

POUR LES GAMBAS

• Décortiquez les gambas. • Faites frire les têtes dans un bain d'huile à 180 °C pendant environ 2 min puis égouttez sur du papier absorbant avant de saler. • Ôtez la carcasse des gambas, assaisonnez les corps à cru d'un filet d'huile d'olive, d'une pincée de fleur de sel et d'une pincée de piment d'Espelette. • Réservez.

POUR LE CHOU VERT

• Faites blanchir les feuilles de chou vert. • Égouttez puis stoppez la cuisson en les plongeant dans un bain d'eau glacée. • Assaisonnez avec la sauce soja, 2 g de saké et 2 g d'huile d'olive.

POUR LA LAITUE DE MER

• Faites frire les morceaux de laitue de mer à la friteuse à 170 °C pendant 1 min, puis égouttez sur papier absorbant.

POUR LA VINAIGRETTE AU CERFEUIL

• Mélangez 10 g d'huile d'olive, le cerfeuil haché, l'ail haché, 2 g de saké et le Viandox®.

FINITION

• Dressez, au centre de l'assiette, une feuille de chou assaisonnée. • Déposez la tête de la gambas frite. • Déposez 5 pièces de gambas crues l'une contre l'autre. • Recouvrez d'une feuille de laitue de mer frite, et arrosez avec la vinaigrette au cerfeuil.

Pour 4 personnes • 35 min de préparation • 50 min de cuisson

BRANDADE DE MERLU PERSIL/BASILIC,

FAUX LAIT CAILLÉ

- 1 merlu (environ 2 kg)
- 40 g d'huile d'olive
- 1 carotte
- 1 oignon
- 10 g de céleri branche
- 1 branche de thym
- 1 feuille de laurier
- 100 g de lait entier
- 30 g de crème liquide
- 4 g d'agar-agar
- 20 g d'encre de seiche
- 10 g d'oignon doux ciselé
- 100 g de persil plat
- 80 g de basilic
- 1 cuil. à soupe de crème montée
- Pain de campagne
- Quelques pousses de salades amères
- Sel fin et poivre blanc moulu
- Piment d'Espelette

POUR LE FAUX LAIT CAILLÉ

• Levez le merlu et désarêtez-le. • Réservez. • Conservez l'arête centrale. • Taillez la carotte, l'oignon et le céleri branche en dés. • Faites suer l'arête centrale avec 10 g d'huile d'olive, les dés de carotte, d'oignon et de céleri branche, le thym et le laurier. • Mouillez à hauteur et faites cuire 30 min à frémissement. • Passez au chinois étamine et faites réduire afin d'obtenir 500 g de bouillon. • Ajoutez le lait entier et la crème liquide, toujours à feu vif. • Assaisonnez de sel fin et de poivre blanc moulu. • Ajoutez l'agar-agar au bouillon et portez à ébullition. • Réservez 10 g de jus et colorez-le avec une cuil. à soupe d'encre de seiche. • Versez le bouillon blanc sur une plaque plate sur environ 2 mm d'épaisseur. • Laissez figer et colorez avec des traits de bouillon à l'encre de seiche. • Réservez au réfrigérateur.

POUR LA BRANDADE

• Faites suer l'oignon doux avec 10 g d'huile d'olive • Ajoutez 120 g de chair de merlu. • Faites cuire à feu doux sans cesser de mélanger avec une spatule en bois. • Réservez. • Blanchissez le persil plat avec le basilic. • Mixez sans refroidir à l'aide d'un blender avec 20 g d'huile d'olive pendant 5 min. • Ajoutez 30 g de ce jus à la brandade et 1 cuil. à soupe de crème montée. • Assaisonnez de sel fin et de piment d'Espelette.

FINITION

• Préchauffez le four à 160 °C (th. 5-6). • Taillez 8 tranches de pain de campagne de 2 mm d'épaisseur à la machine à jambon ou à l'aide d'un couteau-scie. • Plaquez-les entre deux plaques et enfournez pour 8 min de cuisson. • Disposez en fond d'assiette un cercle de faux lait caillé. • Déposez-y une cuillerée de brandade puis une tranche de pain toasté. • Répétez cette opération une fois et servez avec quelques pousses de salades amères.

Pour 4 personnes • 30 min de préparation • 12 min de cuisson

SAINT-PIERRE DE MÉDITERRANÉE,

GRANNY/CÉLERI BRANCHE/BROCOLETTI/MOURON SAUVAGE

- 2 kg de saint-pierre
- 150 g de céleri branche
- 150 g de pomme granny-smith
- 200 g de mouron des oiseaux sauvage
- 100 g de brocolettis
- 25 g d'huile d'olive
- Fleur de sel
- 10 g de beurre
- 10 g de jus de citron

• Levez les filets et enlevez la peau de la pièce de saint-pierre. • Épluchez et taillez le céleri branche en bâtonnets d'environ 3 cm de long sur 2 mm de large, taillez les pommes de la même façon. • Assaisonnez le céleri et la pomme d'un filet d'huile d'olive et d'une pincée de fleur de sel. • Faites sauter à la poêle sur feu vif le mouron des oiseaux sauvage et les brocolettis avec 20 g d'huile d'olive, puis réservez à température ambiante. • Taillez les filets de saint-pierre en deux dans la longueur puis poêlez-les à feu moyen avec le beurre et 5 g d'huile d'olive environ 1 min de chaque côté. • Déglacez la poêle avec le jus de citron. • Réservez ce beurre au citron, puis débarrassez les filets.

FINITION

• Dressez un filet de saint-pierre au centre de chaque assiette avec les brocolettis et le mouron sur le côté puis déposez les bâtonnets de granny et de céleri sur le poisson. • Arrosez de beurre au citron.

Pour 4 personnes • 40 min de préparation • 4 h 09 de cuisson

ENCORNETS DE MÉDITERRANÉE FARCIS AU LAPIN CONFIT

ET QUEUES DE BAUDROIE VAPEUR SUR MOUSSELINE DE BROCOLI

- 4 pièces d'encornets (environ 100 g chacune)
- 4 petites queues de baudroie
- 2 cuisses de lapin
- 500 g d'huile de tournesol
- 3 feuilles de laurier
- 4 gousses d'ail
- 8 branches de thym
- 200 g de brocoli
- 30 g d'huile d'olive + pour la poêle
- 3 g de romarin
- Quelques feuilles d'oxalis
- Sel et poivre noir
- 2 g de piment d'Espelette

POUR LES ENCORNETS FARCIS AU LAPIN CONFIT

• Videz et lavez les encornets. • Lavez et triez les queues de baudroie. • Réservez. • Préchauffez le four à 120 °C (th. 4). • Disposez dans un plat les cuisses de lapin avec l'huile de tournesol, le laurier, les gousses d'ail et le thym et enfournez pour confire pendant 4 h. • Décortiquez et effilochez les cuisses, assaisonnez de sel et de poivre noir. • Farcissez les encornets avec le lapin confit, puis refermez-les à l'aide d'un cure-dent. • Réservez le jus de cuisson.

POUR LA MOUSSELINE DE BROCOLI AU ROMARIN

• Faites cuire le brocoli à l'eau bouillante salée pendant 4 min. • Faites-le refroidir dans de l'eau glacée, puis mixez-le dans un blender avec l'huile d'olive, le romarin haché, 1 pincée de sel fin et le piment d'Espelette.

FINITION

• Poêlez les encornets à l'huile d'olive à feu doux pendant 3 min. • Débarrassez.
• Faites cuire les queues de baudroie au four vapeur 2 min à 100 °C.
• Déposez la mousseline de brocoli en fond d'assiette. Ajoutez les encornets farcis et les queues de baudroie ainsi que le jus de cuisson et quelques feuilles d'oxalis.

Pour 4 personnes • 25 min de préparation • 7 min de cuisson

BIGORNEAUX DE MÉDITERRANÉE

ET RIS D'AGNEAUX, AVOCAT, ALGUES, POIVRE NOIR FUMÉ

- 500 g de bigorneaux
- 1 branche de thym
- 1 gousse d'ail
- 10 g d'huile d'olive
- 50 g de crème
- 200 g de ris d'agneau
- 60 g de beurre
- 3 avocats
- 3 g de jus de citron jaune
- 10 g d'algues dessalées
- Quelques feuilles d'oseille
- Huile de tournesol
- Sel et poivre noir fumé

POUR LES BIGORNEAUX

• Réalisez un bouillon : pochez les bigorneaux dans 1 l d'eau (froide au départ) avec le thym et la gousse d'ail, laissez cuire 3 min à ébullition puis laissez-les refroidir dans leur jus. • Décortiquez et conservez le bouillon.

POUR LA SAUCE CRÉMÉE

• Filtrez 100 g de bouillon au chinois étamine puis ajoutez la crème et 10 g de beurre. • Mixez.

POUR LES RIS D'AGNEAU

• Lavez et triez les ris d'agneau. • Faites-les poêler avec un filet d'huile de tournesol et le beurre. • Salez et laissez cuire doucement environ 4 min en gardant une coloration blonde.

POUR LE GUACAMOLE

• Mixez au blender les avocats avec l'huile d'olive, le jus de citron et les algues, de sorte d'obtenir une purée lisse • Mettez en poche avec une douille lisse.

FINITION

• Dressez en fond d'assiette le guacamole en cercle. • Ajoutez sur le dessus les ris d'agneaux et les bigorneaux. • Versez la sauce crémée au centre. • Saupoudrez de poivre noir fumé et de feuilles d'oseille.

Pour 4 personnes • 20 min de préparation • 25 min de cuisson

ROUGET DE ROCHE DE MÉDITERRANÉE,

QUINOA/CAROTTE/CURCUMA/CLÉMENTINE

- 4 filets de rouget de roche (environ 300 g chacun)
- 200 g de quinoa
- 300 g de carottes
- 3 g de curcuma frais
- 20 g de clémentine épluchée
- 40 g d'huile d'olive
- Sel fin
- Piment d'Espelette
- Salade sauvage

• Levez, écaillez et désarêtez les filets de rouget. • Faites cuire le quinoa à l'eau bouillante salée environ 10 min. Laissez refroidir.

• Faites cuire les carottes à l'eau bouillante salée pendant 8 min. • Mixez au blender, puis ajoutez le curcuma, la clémentine, 20 g d'huile d'olive, 1 pincée de sel fin et 1 pincée de piment d'Espelette ; mixez à nouveau.

• Poêlez le quinoa avec 20 g d'huile d'olive pendant 5 min, de sorte qu'il soit bien croustillant.

• Poêlez les filets de rouget juste 2 min. Laissez reposer avant de dresser.

FINITION

• Dressez 1 cuil. à soupe de purée de carottes en fond d'assiette, le quinoa croustillant, puis ajoutez dessus le rouget et les feuilles de salade sauvage.

Pour 4 personnes • 35 min de préparation • 16 min de cuisson

RAIE DE MÉDITERRANÉE

EN VAPEUR DE FEUILLES DE MANDARINE, TAPENADE D'OLIVES DE LUCQUES ET PRALINÉ DE PIGNONS DE PINS

- 200 g de pois chiches
- 2 feuilles de laurier
- 2 branches de sarriette
- 1 branche de romarin
- 10 g de carotte
- 10 g de céleri branche
- 5 g d'oignon doux
- 10 g de persil plat
- 3 g de jus de citron jaune
- 4 ailes de raie (environ 200 g chacune)
- Quelques feuilles de mandarine
- 40 g d'olives de Lucques dénoyautées
- 1 g d'ail
- 60 g de pignons de pin
- Huile d'olive
- 10 g d'huile d'olive de Pradines-le-Bas « Francine Buesa »
- 1 g de fleur de sel de Camargue

POUR LES POIS CHICHES

• La veille, mettez à tremper les pois chiches dans de l'eau. • Le jour même, faites-les cuire environ 10 min dans 2 l d'eau avec le laurier, la sarriette et le romarin. • Taillez la carotte, le céleri branche et l'oignon doux en brunoise. • Faites-les revenir à l'huile d'olive 1 min, puis débarrassez. • Ajoutez le persil plat ciselé et le jus de citron. • Assaisonnez les pois chiches de cette garniture.

POUR LA RAIE EN VAPEUR

• Préchauffez le four vapeur à 130 °C. • Recouvrez les ailes de raie de feuilles de mandarine et enfournez pour 6 min de cuisson vapeur.

POUR LA TAPENADE

• Préchauffez le four à 160 °C (th. 5-6). Mixez l'huile d'olive de Pradines-le-Bas avec les olives de Lucques et l'ail. • Enfournez 50 g de pignons de pin 10 min pour les torréfier. • Mixez environ 1 min avec la fleur de sel. • Ajoutez le praliné de pignons à la tapenade.

FINITION

• Déposez 1 cuil. à soupe de tapenade et ajoutez la raie dessus, les pois chiches, 10 g de pignons torréfiés et les feuilles de mâche sauvage.

Pour 4 personnes • 10 min de préparation • 4 min de cuisson • 3 h de séchage

LANGOUSTINES DE MÉDITERRANÉE,

GIROLLES, PETITS POIS ET CHOU KALE

- 12 pièces de langoustines
- 10 g d'huile d'olive
- 8 feuilles de chou kale
- 200 g de girolles
- 10 g de beurre
- 150 g de petits pois
- Huile d'olive
- Fleur de sel
- Poivre noir

Pour la poudre de fruits secs :

- 100 g de poires
- 100 g de dattes

POUR LES LANGOUSTINES

• Décortiquez les langoustines, séparez les têtes des corps et enlevez les carapaces. • Réservez. • Poêlez les corps des langoustines 1 min à feu doux avec 10 g d'huile d'olive. • Débarrassez et réservez à température ambiante.

POUR LE CHOU KALE

• Faites frire 8 feuilles de chou kale à dans un bain d'huile à 180 °C pendant 10 secondes. • Sortez-les puis égouttez-les sur du papier absorbant. • Salez.

POUR LES GIROLLES

• Triez et lavez les girolles, puis faites-les revenir dans une poêle avec le beurre pendant 1 min. • Assaisonnez de sel fin et poivre noir puis égouttez-les.

POUR LES PETITS POIS

• Écossez les petits pois et faites-les cuire à l'anglaise (à l'eau bouillante salée) 1 min. • Mélangez avec les girolles.

POUR LA POUDRE DE FRUITS SECS (FACULTATIF)

• Coupez les poires en petits dés et dénoyautez les dattes. • Faites sécher 3 h dans le four à 65 °C (th. 2-3). • À la sortie du four, mixez les fruits secs et passez au tamis.

FINITION

• Déposez les langoustines en fond d'assiette et répartissez harmonieusement les légumes. • Arrosez d'un filet d'huile d'olive et ajoutez une pincée de fleur de sel. • Saupoudrez de poudre de fruits secs (facultatif).

Pour 4 personnes • 20 min de préparation • 15 min de cuisson

POMME DE TERRE DE LA MER

- 200 g de pommes de terre
- 60 g de beurre
- 12 œufs de caille

Pour les violets (bichûs) :
- 12 violets (ou bichûs)
- Feuilles de fenouil bronze
- Feuilles de cordifolle panachée
- Huile d'olive

POUR LES POMMES DE TERRE

• Épluchez les pommes de terre et coupez-les en dés, puis faites-les cuire à l'eau bouillante salée pendant 12 min. • Passez au presse-purée et ajoutez le beurre, une pincée de sel fin et du poivre blanc. • Réservez à température ambiante.

POUR LES ŒUFS

• Faites cuire les œufs de caille mollets en les plongeant dans l'eau bouillante pendant 3 min, puis écalez-les.

FINITION DE L'ACCOMPAGNEMENT

• Prenez 1 cuil. à soupe de purée de pommes de terre dans le creux de la main, incorporez l'œuf et refermez doucement en faisant rouler dans la main la pomme de terre ainsi formée. • Réservez à température ambiante.

POUR LES VIOLETS (BICHÛS)

• Incisez les coquillages en deux, récupérez une douzaine d'intérieurs jaunes. • Rincez-les et faites-les sauter 2 secondes dans une poêle avec 5 g d'huile d'olive.

FINITION

• Déposez une « pomme de terre » coupée en deux au centre de l'assiette, deux pommes de terre entières, les violets de part et d'autre de l'assiette, puis parsemez de feuilles de fenouil bronze et de cordifolle panachée.

4

MONTAGNE

Pour 4 personnes • 1 h de préparation • 1 h 35 de cuisson • 4 h de repos

PIGEON RÔTI, NOUGAT À LA POLENTA DE RIZ,

AMANDES ET MIMOLETTE

- 4 pigeons d'environ 200 g
- 10 ml d'huile de tournesol
- 10 g de fine du Languedoc
- 100 g de foie gras cru
- 60 g de beurre
- Mimolette vieille

Pour le nougat :

- 250 g de lait
- 10 g de thym de garrigue
- 2 g de romarin
- 2 gousses d'ail doux
- 80 g de polenta de riz
- 2 feuilles de pain azyme
- 20 g de pistaches
- 20 g d'amandes

• Videz les pigeons. • Flambez-les puis faites-les rôtir 5 min au four à 180 °C (th. 6), avec 10 ml d'huile de tournesol et 10 g de beurre. • Laissez reposer 10 min à la sortie du four.
• Levez les cuisses et les suprêmes. • Faites-les revenir côté peau dans une poêle avec une noisette de beurre pendant 2 min pour qu'ils soient bien croustillants. • Débarassez.

POUR LE NOUGAT

• Faites chauffer le lait avec le thym, le romarin et les gousses d'ail doux fendues en quatre. • Faites cuire environ 10 min à frémissement jusqu'à ce que les aulx soient cuits. • Passez au chinois étamine. • Portez ensuite le lait infusé à ébullition, ajoutez la polenta de riz et faites cuire sur le coin du feu environ 45 min, puis ajoutez les pistaches et les amandes. • Déposez une feuille de pain azyme sur le fond d'une plaque à rebords de 3 mm, versez la polenta de riz et lissez à la spatule. • Déposez la deuxième feuille de pain azyme sur le dessus et faites refroidir au réfrigérateur environ 4 h.
• Coupez des rectangles de polenta. • Poêlez-les avec 5 g de beurre 2 min, et gardez à température ambiante.

FINITION

• Déposez les cuisses de pigeon, les suprêmes et les rectangles de polenta dans les assiettes et décorez avec 3 g de mimolette râpée.

Pour 4 personnes • 30 min de préparation • 3 h 10 de cuisson • 1 h de repos

BÉCASSE RÔTIE, PAIN PERDU,

POTÉE DE CHOU ET JUS D'ENTRAILLES

- 4 bécasses entières et vidées

Pour le pain perdu :

- 1 pain de mie rond
- 1 l de lait entier
- 4 œufs battus
- 5 g de sel fin
- Beurre
- Sucre glace

Pour la potée de chou :

- 500 g de chou vert
- 1 oignon doux
- 80 g de lardons fumés
- 10 g de gras de canard
- Fond de veau
- 20 g de foie gras
- Sel et poivre

POUR LE PAIN PERDU

• Taillez 4 tranches cylindriques de 5 cm d'épaisseur dans le pain de mie rond. • Préparez un mélange pour le pain perdu avec le lait entier, les œufs battus et 5 g de sel fin. Mettez-y le pain à tremper environ 5 min de chaque côté. • Poêlez-le au beurre de sorte d'obtenir un pain blond toasté. • Laissez reposer 1 h. • Préchauffez le four à 160 °C (th. 5-6). • Taillez l'intérieur du pain pour n'utiliser que le contour et saupoudrez-le de sucre glace. • Enfournez 10 min pour le colorer.

POUR LA POTÉE DE CHOU

• Ébouillantez le chou vert 1 min, puis taillez-le en grosse julienne.
• Ciselez l'oignon et faites-le revenir avec les lardons fumés et le gras de canard. • Ajoutez le chou vert et mouillez avec un fond de veau à hauteur.
• Faites cuire à couvert pendant 3 h. • En fin de cuisson, réservez 100 g de jus de cuisson.

POUR LE JUS D'ENTRAILLES

• Préchauffez le four à 180 °C (th. 6). • Faites rôtir les bécasses entières 3 min au sautoir pour colorer les cuisses et les suprêmes, puis enfournez pour 4 min de cuisson. • Laissez reposer.

• Levez les bécasses, séparez les filets et les cuisses et faites rôtir à nouveau 3 min les cuisses et les suprêmes.
• Mixez les foies de bécasses avec 100 g du jus de cuisson du chou et le foie gras. • Assaisonnez de sel et de poivre.

FINITION

• Dressez le contour de pain toasté au centre, disposez à l'intérieur la potée de chou, les cuisses et suprêmes de bécasse puis arrosez de jus d'entrailles.

Pour 4 personnes • 30 min de préparation • 1 h 30 de cuisson • 1 nuit de repos (coings)

SARCELLE RÔTIE,

COING CONFIT AU JUS DE BETTERAVE ET AÏOLI DE COING

- 4 coings
- 1 betterave crue
- 100 g de sucre
- 1 feuille de thym
- 1 sarcelle entière
- 10 g de poivre fumé
- 1 branche de romarin
- 50 g d'huile de tournesol + 1 filet
- 20 g de beurre
- 85 g d'huile d'olive
- 3 g de vinaigre de xérès
- 10 g de beurre fondu
- 1 pomme de terre
- 3 g d'ail épluché
- 1 jaune d'œuf
- Piment d'Espelette
- Piment fumé
- 60 g de jus de daube
- Sel fin

POUR LE COING CONFIT AU JUS DE BETTERAVE

• La veille, épluchez 4 coings. • Placez-les en extérieur à l'air libre pour qu'ils s'oxydent et prennent une belle couleur orangée.

• Le jour même, épluchez une betterave crue, taillez-la en lamelles régulières et faites-la cuire dans 2 l d'eau avec le sucre et le thym pendant 20 min. • Récupérez le jus. • Coupez les coings en deux et faites-les cuire pendant 40 min dans le jus de betterave à frémissement sur le coin du fourneau.

• Réservez.

POUR LA SARCELLE

• Préchauffez le four à 180 °C (th. 6). • Videz, puis flambez la sarcelle. • Faites-la rôtir avec 1 filet d'huile de tournesol et le beurre. • Passez à la poêle pour colorer les cuisses et les filets. • Saupoudrez de poivre fumé puis enfournez pour 6 min de cuisson. • Laissez reposer. • Glissez une branche de romarin à l'intérieur de la sarcelle.

POUR L'AÏOLI DE COING

• Faites cuire une pomme de terre épluchée à l'eau bouillante. • Récupérez 60 g de parures de coings cuites et mixez avec la pomme de terre cuite. • Écrasez l'ail épluché dans un mortier avec le jaune d'œuf et montez avec l'huile de tournesol et 80 g d'huile d'olive. • Assaisonnez de sel fin, de piment d'Espelette et d'une pointe de piment fumé.

FINITION

• Pour le dressage, levez la sarcelle. • Déposez les coings sur les côtés de l'assiette. • Versez du jus de daube et servez l'aïoli à part.

Pour 4 personnes • 2 h 20 de préparation • 4 h 25 de cuisson • 2 h + 24 h de réfrigération

BŒUF DE L'AUBRAC MI-CUIT, GRILLÉ ET MARINÉ AU WHISKY,

CHICHOUMEILLE DE COUENNE DE COCHON DES PYRÉNÉES

Pour le bœuf :
- 4 filets de bœuf (160-180 g environ chacun)
- 600 ml de whisky tourbé et iodé (type Talisker, environ 150 g de whisky/filet)

Pour la chichoumeille de couenne de cochon des Pyrénées :
- 1 kg de couenne de cochon
- 1 oignon
- 3 carottes
- 1 tige de céleri branche
- 3 branches de thym
- 3 feuilles de laurier
- 5 grains de poivre noir
- 3 clous de girofle
- 4 poivrons rouges
- 4 courgettes vertes
- 4 courgettes jaunes
- 2 aubergines
- 30 g d'huile d'olive

Pour la tapenade café-cognac :
- 100 g d'olives noires
- 30 g de café-cognac Grand Marnier®

POUR LE BŒUF MI-CUIT

• Allumez un barbecue ou, à défaut, chauffez une pôele-gril.
• Remplissez un récipient large et profond de whisky. • Faites griller au barbecue les filets de bœuf pendant 2 min, sur un seul côté. • Ôtez du feu et déposez les filets immédiatement (ils doivent être encore chauds) face crue au fond du récipient contenant le whisky, de sorte que l'alcool monte jusqu'à la moitié de la viande. • Laissez mariner pendant 2 h. • Au bout de ce temps, égouttez les filets. • Déposez-les dans une poêle à feu moyen, face grillée contre la poêle, juste 1 min pour colorer.

POUR LA CHICHOUMEILLE DE COUENNE DE COCHON

• Mettez les couennes de cochon dans une casserole avec 5 l d'eau, l'oignon, les carottes, le céleri branche, le thym, le laurier, les grains de poivre noir et les clous de girofle. • Faites cuire 3 h à frémissement. • Débarrassez et mettez à plat sur une plaque. • Laissez refroidir.

POUR LES LÉGUMES

• Préchauffez le four à 160 °C (th. 5-6). Enfournez les poivrons rouges pour 12 min de cuisson. • Filmez-les à la sortie du four et laissez refroidir. • Baissez le four à 140 °C (th. 4-5). • Une fois les poivrons froids, enlevez la peau et réservez. • Taillez les courgettes en lamelles dans la longueur, sans les éplucher. • Enfournez pour 6 min de cuisson et réservez. • Épluchez les aubergines et taillez-les en lamelles dans la longueur. • Faites-les poêler avec 30 g d'huile d'olive et colorez-les environ 2 min de chaque côté. • Égouttez sur un papier absorbant. • Montez la chichoumeille comme un millefeuille.
• Pressez et mettez au réfrigérateur pendant 24 h.

FINITION

• Taillez la chichoumeille et poêlez-la à l'huile d'olive. • Servez avec une tapenade café-cognac : mixez 100 g d'olives noires avec 30 g de café-cognac Grand Marnier®. • Servez avec le filet de bœuf mariné.

Pour 4 personnes • 20 min de préparation • 18 min de cuisson

PLEUROTE RÔTI ENTIER AU BEURRE MOUSSEUX,

ANCHOIS DE MÉDITERRANÉE ET FÉVETTES

- 480 g de pleurotes
- 80 g de beurre
- 4 filets d'anchois
- 200 g de fèves fraîches
- Huile d'olive
- 2 g de jus de citron jaune
- Fleur de sel
- Quelques feuilles d'oxalis

POUR LES PLEUROTES

• Préchauffez le four à 180 °C (th. 6). • Laissez chauffer le beurre en le rendant noisette environ 2 min à la casserole et passez-le au chinois étamine. • Faites rôtir les pleurotes entiers dans le beurre mousseux à la poêle puis enfournez pour 3 min de cuisson.

POUR LES ANCHOIS

• Mettez les filets d'anchois dans 10 g de sel fin pendant 15 min. • Rincez-les à l'eau froide et déposez-les sur du papier absorbant.

POUR LES FÈVES

• Écossez les fèves, faites-les cuire dans de l'eau bouillante salée juste 30 secondes, refroidissez-les à l'eau froide et enlevez la première peau. • Assaisonnez avec 5 g d'huile d'olive, le jus de citron et une pincée de fleur de sel.

FINITION

• Déposez le pleurote entier au milieu de l'assiette, déposez 3 filets d'anchois sur celui-ci, les fèves par-dessus, versez 1 cuil. à soupe de beurre mousseux sur l'ensemble et ajoutez quelques feuilles d'oxalis.

5

ÉTANG

SHILTON
1962

Pour 4 personnes • 40 min de préparation • 3 h 30 de cuisson • 5 à 10 min de pétrissage

ANGUILLES DE L'ÉTANG DE VENDRES,

PAIN VAPEUR AU CERFEUIL, CONCOMBRE ET JUS DE DAUBE

Pour le jus de daube :
- 600 g d'os de bœuf
- 1 carotte
- 1 oignon
- ½ pied de céleri branche
- 2 branches de thym
- 1 feuille de laurier
- 20 g de farine
- 200 g de vin rouge
- 2 l de fond de bœuf
- Huile d'olive
- Fleur de sel et poivre noir concassé fumé

Pour les anguilles :
- 4 anguilles vivantes
- Gros sel
- 1 concombre
- 20 g de farine

Pour le pain vapeur :
- 300 g de farine + pour les anguilles
- 2 cuil. à café de levure chimique
- 1 cuil. à café de sucre
- 2 cuil. à café de levure sèche de boulanger
- 30 g de cerfeuil ciselé

Pour le brocoli :
- 8 têtes de petits brocolis
- 5 g d'huile d'olive

POUR LE JUS DE DAUBE

• Faites colorer les os de bœuf à la cocotte pendant environ 20 min. • Taillez la carotte, l'oignon et le céleri en gros dés et ajoutez-les à la cocotte ainsi que le thym et le laurier. • Laissez revenir 5 min, puis saupoudrez de 20 g de farine. • Mouillez avec le vin rouge. • Faites réduire quasiment à glace et ajoutez le fond de bœuf. • Préchauffez le four à 160 °C (th. 5-6). • Portez l'ensemble à ébullition puis enfournez pour 3 h de cuisson. • Une fois cuit, passez la sauce au chinois et vérifiez l'assaisonnement.

POUR LES ANGUILLES

• La veille, arrosez les anguilles de gros sel. • Le jour même, rincez les anguilles sous l'eau froide. • Taillez-les en tronçons d'environ 5 cm. • Farinez-les et faites cuire à la poêle pendant 5 min. • Réservez. • Taillez des tranches fines de concombre et réservez dans de l'eau glacée.

POUR LE PAIN VAPEUR

• Mélangez 300 g de farine avec la levure chimique, le sucre et la levure sèche de boulanger. • Ajoutez 160 ml d'eau tiède. • Travaillez la pâte pendant 5 à 10 min au batteur électrique. • La pâte est prête lorsqu'elle se décroche des parois du bol du batteur. • Réalisez des boules de pâte. • Arrosez d'huile d'olive et parsemez de cerfeuil ciselé, de fleur de sel et de poivre noir concassé fumé. • Faites cuire au four micro-ondes dans un verre en plastique pendant 1 min.

POUR LE BROCOLI

• Faites revenir les têtes de brocoli dans une poêle avec 5 g d'huile d'olive.

FINITION

• Déposez l'anguille au centre de l'assiette et des morceaux de pain vapeur autour. • Ajoutez les têtes de brocoli et les lamelles de concombre avec la sauce entre le pain et l'anguille.

Pour 4 personnes • 40 min de préparation • 1 h 30 de cuisson

CIVET DE MOULES DE L'ÉTANG DE THAU

- 15 moules
- 265 g de chair à saucisse
- 200 g de pain trempé au lait
- 10 g de persil ciselé
- 3 g d'ail haché
- 1 carotte
- ½ oignon
- 750 g de vin rouge + 100 g pour le déglaçage
- 500 g de fumet de poisson
- 15 g d'huile d'olive
- 5 g de sel fin
- 1 g de piment d'Espelette
- Fleurs de verveine (facultatif)

• Préparez les moules : ouvrez-les à cru à l'aide d'un petit couteau, gardez le jus. • Mélangez la chair à saucisse, le pain trempé, le persil et l'ail. • Farcissez chaque moule et refermez pour que la farce soit bien prise à l'intérieur. • Coupez la carotte et le demi-oignon en brunoise. • Dans une cocotte qui va au four, faites-les revenir 1 min avec 15 g d'huile d'olive. • Déglacez avec 100 g de vin rouge et faites réduire à sec. • Préchauffez le four à 140 °C (th. 4-5). • Mouillez avec le jus des moules, le fumet de poisson et 750 g de vin rouge. • Portez à ébullition puis ajoutez les moules préparées dans la cocotte et enfournez pour 1 h de cuisson.

FINITION

• Dressez les moules au centre de l'assiette avec la sauce sur le dessus, en les nappant bien. • Décorez de quelques fleurs de verveine.

Pour 4 personnes • 20 min de préparation • 3 min de cuisson • 1 mois de repos

TRUITE FARIO, VOILE DE LARD AUX FRUITS ROUGES

ET RIZ DE CAMARGUE SOUFFLÉ SUR PURÉE DE PERSIL ET TAGÈTES

- 200 g de lard blanc salé
- 50 g de cassis
- 50 g de groseilles
- 30 g de mûres
- 2 truites fario d'environ 300 g chacune
- 10 g de beurre
- 10 g d'huile d'olive + 1 filet
- 100 g de riz de Camargue noir
- 2 l d'huile de friture
- 100 g de persil plat
- 50 g de tagètes
- Sel fin
- Piment d'Espelette

POUR LE LARD AUX FRUITS ROUGES

• Mettez dans un sac sous vide le lard avec les fruits rouges. • Laissez reposer 1 mois de sorte que les fruits pénètrent la chair du lard et lui donnent une coloration rosée.

POUR LES TRUITES

• Levez les truites et désarêtez-les. • Poêlez-les doucement côté peau pendant 1 min avec le beurre et 1 filet d'huile d'olive. • Débarrassez.
• Taillez des tranches de lard de 2 mm avec un couteau qui taille. • Déposez une fine tranche de lard aux fruits rouges sur chaque truite.

POUR LE RIZ SOUFFLÉ

• Faites frire le riz dans l'huile de friture à 220 °C durant 15 s. • Égouttez-le sur du papier absorbant et salez.

POUR LA PURÉE DE PERSIL ET TAGÈTES

• Blanchissez le persil et les tagètes. • Mixez à chaud dans un blender pendant 10 min avec l'huile d'olive, 1 g de sel fin et 1 pincée de piment d'Espelette.

FINITION

• Dressez en fond d'assiette la purée de persil, les tagètes et le riz soufflé.
• Disposez dessus la truite recouverte d'un voile de lard.

6

CÉRÉALES

Pour 4 personnes • 25 min de préparation • 35 min de cuisson

FOIE GRAS ÉLEVÉ AU MAÏS ROUX,

MOUSSELINE DE CAROTTE ET CURCUMA, MÜESLI DE CÉRÉALES ET FRUITS SECS

- 4 tranches de foie gras (140 g chacune)
- 10 g de pistaches
- 10 g d'amandes effilées
- 10 g de flocons d'avoine
- 10 g de flocons de quinoa
- 1 pincée de sel fin
- 10 g de sucre semoule
- 1 blanc d'œuf
- 200 g de carottes
- 5 g de curcuma
- 1 g d'huile d'olive
- 1 grenade
- 100 g de vin blanc
- 30 g de vinaigre blanc

POUR LE FOIE GRAS POÊLÉ

• Taillez les tranches de foie gras en biais. • Faites-les poêler, sans matière grasse, 3 min de chaque côté. • Débarrassez sur du papier absorbant.

POUR LE MÜESLI DE CÉRÉALES ET FRUITS SECS

• Préchauffez le four à 160 °C (th. 5-6). • Torréfiez les pistaches, les amandes effilées, les flocons d'avoine, les flocons de quinoa, une pincée de sel fin et le sucre semoule pendant 10 min. • Laissez le four allumé, sortez les fruits secs et mélangez-les avec le blanc d'œuf dans un récipient. • Enfournez à nouveau pour 10 min de cuisson et réservez.

POUR LA MOUSSELINE CAROTTE ET CURCUMA

• Épluchez les carottes et coupez-les en tronçons. • Faites-les cuire à l'anglaise (à l'eau bouillante salée) pendant 8 min. • Mixez au blender avec le curcuma et l'huile d'olive.

POUR LES PICKLES DE GRENADE

• Coupez une grenade en deux. • Tapez la coque avec le dos d'une cuillère pour en faire tomber les graines. • Portez à ébullition le vin blanc, puis ajoutez le vinaigre blanc. • Plongez-y les graines de grenade et débarrassez avec le jus vinaigré. • Réservez.

FINITION

• Dressez 1 cuil. à soupe de purée de carottes au centre de l'assiette, le foie gras chaud dessus, les pickles de grenade et le müesli répartis harmonieusement sur le foie gras. • Décorez de quelques feuilles d'oxalis.

Pour 4 personnes • 35 min de préparation • 2 h 30 de cuisson • 15 min d'infusion

RISOTTO D'ÉPEAUTRE

À L'INFUSION DE FEUILLES DE CLÉMENTINES CORSES ET OREILLES DE COCHON CROUSTILLANTES

- 8 clémentines corses
- 150 g de sucre
- 150 g de pousses d'épinards
- 100 g d'oseille
- 300 g de risotto d'épeautre de Renaud Suquet
- 2 cuil. à soupe de mascarpone
- 150 g de sucre semoule
- 1 citron confit au sel
- 1 citron jaune
- 10 g de petites feuilles d'oseille sauvage + quelques feuilles10 g de truffes de pays
- 4 oreilles de cochon de lait cuites
- 10 g de beurre
- 10 g de farine
- Huile d'olive
- Sel
- Piment d'Espelette
- 10 g de parmesan

POUR LE CONFIT DE CLÉMENTINES

• Pressez 4 clémentines et réservez le jus. • Blanchissez 5 fois les clémentines avec la peau. • Faites un sirop avec le sucre et 150 g d'eau. • Mettez-y les clémentines à cuire sur le coin du feu pendant 2 h à 30 °C.

POUR LE JUS OSEILLE ET ÉPINARDS

• Blanchissez les pousses d'épinards, puis mixez-les dans un blender. • Ajoutez les feuilles d'oseille et mixez. • Montez à l'huile d'olive, puis passez au chinois étamine. • Assaisonnez de sel et de piment d'Espelette. • Liez au roux jusqu'à obtenir la consistance souhaitée.

POUR LE RISOTTO

• Faites infuser les feuilles de 4 clémentines à couvert dans 2 l d'eau pendant 15 min. • Mouillez l'épeautre de ce bouillon à hauteur. • Répétez l'opération jusqu'à ce que le risotto soit cuit, soit pendant environ 20 min. • Liez-le avec le mascarpone et rectifiez l'assaisonnement.

FINITION

• Faites frire les oreilles de cochon à la friteuse pendant 2 min. • Dressez le risotto au centre d'assiettes creuses avec le jus oseille-épinards autour. • Ajoutez les oreilles de cochon frites et parsemez de quelques feuilles d'oseille et de parmesan finement râpé.

7

PLATS GRAND-MÈRE

Pour 4 personnes • 20 min de préparation • 1 h 40 de cuisson

CARRÉ DE COCHON TIRABIXU

AU POIVRE NOIR FUMÉ, LENTILLES FAÇON GRAND-MÈRE

- 1 carré de cochon d'environ 2 kg sans os et sans couenne
- 10 g de blancs d'œufs
- Poivre fumé
- 20 g de gras de canard
- 20 g de lard de jambon sec
- 20 g de lard fumé
- 10 g de carotte
- 10 g de céleri branche
- 10 g d'oignon
- 200 g de lentilles
- 2 l de bouillon de volaille

POUR LE CARRÉ DE COCHON

• Préchauffez le four à 180 °C (th. 6). • Enfournez le carré de cochon pour 20 min de cuisson. • Baissez la température à 140 °C (th. 4-5), sortez la viande du four et badigeonnez le dessus de blancs d'œufs. • Saupoudrez de poivre fumé et enfournez de nouveau pour 35 min de cuisson. • Laissez reposer.

POUR LES LENTILLES

• Faites revenir dans une casserole le gras de canard, le lard de jambon sec, le lard fumé, la carotte, le céleri branche et l'oignon, le tout taillé en petits dés. • Ajoutez les lentilles et mouillez avec le bouillon de volaille. • Faites cuire à frémissement environ 40 min.

FINITION

• Taillez de belles côtes de cochon. • Faites-les dorer à la poêle 2 min et servez-les sur les lentilles.

Pour 8 personnes • 20 min de préparation • 24 h + 20 min de cuisson

TÊTE DE VEAU CUITE ENTIÈRE,

LÉGUMES AU CITRON CONFIT

- 1 belle tête de veau avec os
- 3 oignons cloutés de girofle
- 100 g de blettes
- 16 carottes
- 3 verts de poireaux
- 10 g de thym
- 10 feuilles de laurier
- 6 salsifis
- 3 courgettes
- 20 g d'huile d'olive
- Fleur de sel
- Piment d'Espelette
- 3 belles tranches de citron confit

POUR LA TÊTE DE VEAU

• Flambez la tête de veau et faites-la doucement cuire pendant 24 h dans 20 l d'eau, avec les oignons, 10 carottes épluchées, les poireaux, le thym et le laurier.

POUR LES LÉGUMES AU CITRON CONFIT

• Séparez le vert des blettes, épluchez les tiges et taillez-les en biseau. • Épluchez et taillez en biseau le reste des carottes, les salsifis, les courgettes et les blettes. • Préchauffez le four à 140 °C (th. 4-5). • Faites sauter tous les légumes avec l'huile d'olive, la fleur de sel et le piment d'Espelette. • Ajoutez les tranches de citron confit et enfournez pour 20 min de cuisson.

FINITION

• Servez les légumes sur un grand plat accompagnés de la tête de veau.

Pour 4 personnes • 10 min de préparation • 30 min de cuisson

AGNEAU DE LAIT RÔTI AUX FEUILLES D'OLIVIER

- 1 gigot d'agneau de lait d'env. 2-3 kg
- 10 g de beurre
- 10 g d'huile d'olive + 1 filet
- Quelques feuilles d'olivier
- 150 g de linguine cuites
- 1 oignon doux
- 10 g de persil ciselé
- 10 g de basilic ciselé
- 1 gousse d'ail hachée
- 6 filets d'anchois à l'huile
- Sel

POUR LE GIGOT D'AGNEAU

• Préchauffez le four à 160 °C (th. 5-6).• Faites revenir le gigot à la casserole avec le beurre et un filet d'huile d'olive. • Salez, puis disposez le gigot dans un plat allant au four. • Recouvrez-le entièrement de feuilles d'olivier et enfournez pour 30 min de cuisson. • Laissez reposer.

POUR LES LINGUINE

• Assaisonnez les linguine avec l'oignon cru, le persil, le basilic, les filets d'anchois entiers et l'ail.

FINITION

• Ôtez les feuilles d'olivier du gigot d'agneau et taillez-le en fines lamelles. • Disposez-les sur les pâtes chaudes.

Pour 8 personnes • 30 min de préparation • 6 h 15 de cuisson

BOUDIN GALABART,

PURÉE DE POMMES DE TERRE

- ½ tête de porc
- 1 oignon
- 3 carottes épluchées
- 100 g de céleri branche
- 1 vert de poireau
- 10 g de thym
- 3 feuilles de laurier
- 10 g de gros sel
- 300 g de dés de lard salé
- 2 l de sang de porc
- 15 g de sel fin par kg de viande
- 3 g de poivre noir par kg de viande
- 4 g de quatre-épices par kg de viande
- 4 boyaux de porc

Pour la purée :

- 200 g de pommes de terre rattes
- 100 g de beurre
- 100 g de crème liquide
- Noix muscade

POUR LE BOUDIN

• Faites cuire la demi-tête de porc dans 15 l d'eau avec l'oignon, les carottes, le céleri branche, le vert de poireau, le thym, le laurier et le gros sel pendant 3 h environ. • Ôtez les os de la tête de porc pour ne garder que la chair. • Ajoutez les dés de lard, le sang, le sel fin, le poivre et le quatre-épices. • Remplissez les boyaux avec cette farce. • Refermez-les à l'aide d'une ficelle. • Portez le bouillon de cuisson à 90 °C. • Faites-y cuire les boudins pendant 3 h. • Éteignez le feu et laissez refroidir dans le bouillon.

POUR LA PURÉE DE POMMES DE TERRE

• Épluchez les pommes de terre et faites-les cuire dans de l'eau salée pendant 15 min environ. • Égouttez-les et passez-les au presse-purée. • Ajoutez le beurre et la crème liquide. • Rectifiez l'assaisonnement en sel fin, poivre noir et noix muscade.

FINITION

• Il est conseillé de réaliser le boudin quelques jours avant, il sera meilleur encore. • On peut le manger froid à l'apéritif ou simplement poêlé et servi sur la purée de pommes de terre.

Pour 4 personnes • 30 min de préparation • 40 min de cuisson

POULET RÔTI AUX HERBES,

PETITS POIS ET MORILLES

Pour le poulet :
- 1 poulet d'environ 1,5 kg

Pour le beurre d'herbes :
- 100 g de beurre pommade
- 20 g de persil
- 5 g d'estragon
- 10 g de cerfeuil
- 10 g d'épinards

Pour les petits pois et morilles :
- 400 g de petits pois
- 150 g de morilles
- 20 g de beurre
- 3 g d'huile de tournesol
- 20 g d'oignons

POUR LE POULET RÔTI

• Préchauffez le four à 200 °C (th. 6-7). • Enfournez-le pour 20 min de cuisson puis baissez le four à 70 °C (th. 2-3), sans l'ouvrir, et laissez cuire 15 min supplémentaires. • Laissez reposer.

POUR LES PETITS POIS

• Écossez les petits pois et faites-les cuire 1 min à l'eau bouillante salée.
• Faites refroidir dans un bain d'eau glacée pour garder une belle couleur verte puis égouttez.

POUR LES MORILLES

• Lavez les morilles, faites-les revenir entières à la poêle avec 10 g de beurre et 3 g d'huile de tournesol, juste 1 min. • Égouttez en conservant le jus.

POUR LE BEURRE D'HERBES

• Mixez le persil, l'estragon, le cerfeuil et les épinards dans un blender. • Ajoutez le beurre, salez, poivrez.

FINITION

• Ciselez les oignons. • Faites suer dans une casserole 30 g de beurre d'herbes avec les oignons, ajoutez les petits pois, les morilles et le jus des morilles ; faites cuire à feu vif 5 min. • Salez et poivrez.
• Servez le poulet entier sur les petits pois aux morilles.

8

SUCRÉ

Pour 4 personnes • 1 h de préparation • 4 min de cuisson • 30 min d'infusion

OPALYS®

VANILLE, MANGUE, PASSION, CARAMEL

Pour la pâte à cigarettes Dulcey® :

- 12 g de beurre pommade
- 10 g de sucre glace
- 14 g de blancs d'œufs crus
- 14 g de farine
- 12 g de chocolat Valrhona Dulcey®

Pour le sorbet aux fruits exotiques :

- 17 g de pulpe de mangue Boiron®
- 17 g de pulpe d'ananas Boiron®
- 17 g de pulpe de passion Boiron®
- 17 g de pulpe de banane Boiron®
- 25 g de pulpe d'abricot Boiron®
- 3 g de jus de citron jaune
- 27 g de sucre semoule

Pour la ganache montée Opalys® :

- 45 g de chocolat Valrhona Opalys®
- 1 gousse de vanille
- 7 cl de crème liquide 35 % MG
- 7 g de miel de fleurs
- 7 g de glucose
- 10 cl de crème liquide froide

Pour le caramel crème-passion :

- 27 g de sucre semoule
- 10 g d'eau
- 10 g de pulpe de passion
- 10 g de crème liquide
- 7 g de beurre
- 1 pincée de fleur de sel

Pour la mousse exotique :

- 17 g de pulpe d'ananas Boiron®
- 17 g de pulpe de passion Boiron®
- 17 g de pulpe de mangue Boiron®
- 17 g de pulpe de banane Boiron®
- 17 g de pulpe d'abricot Boiron®
- 2 g de feuille de gélatine
- 4 cl de crème fouettée
- 25 g de meringue italienne

Pour le dressage :

- Mangue crue taillée en cubes
- Graines de fruit de la Passion
- Quelques feuilles d'or

POUR LA PÂTE À CIGARETTES DULCEY®

• Préchauffez le four à 160 °C (th. 5-6). • Mélangez le beurre, le sucre glace, les blancs d'œufs, la farine et le chocolat dans l'ordre jusqu'à l'obtention d'une pâte homogène. • Étalez la pâte sur un tapis de cuisson et enfournez pour environ 4 min de cuisson. • À la sortie du four, déposez la tuile dans une rigole pour lui donner une forme ondulée. • Laissez refroidir.

POUR LE SORBET AUX FRUITS EXOTIQUES

• Mélangez les pulpes, le jus de citron et le sucre et faites turbiner à la sorbetière à consistance (en vérifiant que la glace ne soit ni trop dure, ni trop liquide) environ 15 min. • Réservez au congélateur.

POUR LA GANACHE MONTÉE OPALYS®

• Faites fondre le chocolat au bain-marie. • Ouvrez la gousse de vanille et grattez les graines à l'aide de la pointe d'un couteau. • Chauffez la crème avec les graines et la gousse de vanille. • Hors du feu, laissez infuser 30 min. • Mélangez le chocolat fondu avec la crème vanillée, le miel et le glucose. • Ajoutez la crème liquide bien froide puis montez le mélange au batteur comme une chantilly. • Réservez au frais.

POUR LE CARAMEL CRÈME-PASSION

• Réalisez un caramel avec le sucre et l'eau puis déglacez avec la pulpe de passion et la crème. • Ajoutez le beurre et la fleur de sel. • Mélangez et réservez.

POUR LA MOUSSE EXOTIQUE

• Mélangez toutes les pulpes, ajoutez la gélatine préalablement trempée dans un bol d'eau et essorée. • Ajoutez la crème fouettée et la meringue italienne en petits morceaux et fouettez.

FINITION

• Déposez les deux pâtes à cigarettes l'une en face de l'autre. • Remplissez les creux avec d'un côté la ganache opalys® et de l'autre la mousse exotique et placez au centre un cube de mangue crue. • Déposez une quenelle de sorbet aux fruits exotiques et décorez avec des grains de fruits de la Passion et quelques feuilles d'or. • Tracez un trait de caramel-passion sur un côté de l'assiette.

Pour 4 personnes • 1 h de préparation • 1 h 20 de cuisson • 4 h de réfrigération

POIRE MARTIN SEC POCHÉE

AU JUS DE BETTERAVE, CRÉMEUX AU FENOUIL CONFIT, SORBET POIRE

- 12 poires Martin-Sec

Pour le biscuit viennois :
- 60 g de jaunes d'œufs
- 120 g d'œufs entiers
- 165 g de sucre semoule
- 100 g de blancs d'œufs
- 80 g de farine tamisée

Pour le sirop :
- 500 g d'eau
- 150 g de sucre semoule
- 1 gousse de vanille
- 1 jus de citron jaune

Pour la compote de poires :
- 280 g de poires
- 20 g de sucre
- 5 g de pectine NH
- 125 g d'eau
- 20 g de jus de citron jaune
- 1 gousse de vanille Bourbon
- 3 g d'agar-agar

Pour la gelée vinaigrée au vin rouge et betterave :
- 1,3 kg de betteraves épluchées et taillées en lamelles
- 200 g de sucre semoule
- 300 g de vinaigre de xérès
- 3 l d'eau
- 1 gousse de vanille
- 5 g d'agar-agar

Pour le fenouil confit :
- 1,3 l d'eau
- 800 g de sucre semoule
- 2 bulbes de fenouil

Pour le crémeux au fenouil confit :
- 400 g de fenouil confit
- 120 g de crème liquide
- 100 g de jaunes d'œufs
- 50 g d'œufs entiers
- 50 g de beurre
- 4 feuilles de gélatine (180 bloom)

Pour la poudre noire :
- 45 g de parure de biscuit viennois
- 20 g de beurre noisette
- 1 g de poudre de cardamome noire
- 1 g de curry noir

Pour le sorbet poire Martin Sec :
- 400 g de poires Martin Sec épluchées et mixées
- 225 g de sirop

POUR LA COMPOTE DE POIRES

• Faites cuire les poires épluchées et coupées, le sucre, la pectine, l'eau, le jus de citron et la vanille coupée en deux à couvert et à feu moyen pendant 15 min environ.

POUR LE SIROP AU CITRON

• Portez à ébullition l'eau, le sucre, la vanille coupée en deux et le jus de citron et laissez refroidir.

POUR LE BISCUIT VIENNOIS

• Préchauffez le four à 220 °C (th. 7-8). • Montez les jaunes d'œufs, les œufs entiers et 125 g de sucre au batteur. • Montez les blancs d'œufs avec 40 g de sucre. • Mélangez les deux masses et ajoutez la farine. • Enfournez pour 6 min de cuisson sur une toile de cuisson Silpat® graissée.

• À la sortie du four, taillez un rectangle de biscuit de 12 cm de long et 8 cm de large. • Imbibez le biscuit avec 20 g de sirop au citron et déposez une couche de compote de poires. • Roulez le biscuit et laissez reposer 1 h au réfrigérateur. • Une fois refroidi, taillez le biscuit en médaillons et saupoudrez de feuilles d'or (facultatif).

POUR LA GELÉE VINAIGRÉE AU VIN ROUGE ET BETTERAVE

• Faites cuire les betteraves, le sucre, le vinaigre, la vanille coupée en deux et l'eau pendant 30 min. • Passez le jus obtenu au chinois étamine.

• Faites bouillir 400 g de ce jus avec l'agar-agar, coulez en plaque plate d' ½ cm d'épaisseur.

• Laissez refroidir 5 min au réfrigérateur. • Détaillez un rond à l'aide d'un cercle de 16 cm de diamètre, puis redéposez un cercle de 12 cm pour détailler une demi-lune.

POUR LE FENOUIL CONFIT

• Réalisez un sirop avec l'eau et le sucre et faites-y cuire les bulbes de fenouil coupés en deux doucement pendant 30 min environ.

POUR LE CRÉMEUX AU FENOUIL CONFIT

• Mixez le fenouil confit, ajoutez la crème et les œufs. • Faites cuire les ingrédients comme une crème anglaise : sur le feu jusqu'à épaississement en fouettant. • Ajoutez le beurre et la gélatine. • Placez au réfrigérateur pendant 4 h. • Épluchez et videz les poires par en-dessous. • Faites-les cuire dans le jus vinaigré au vin rouge et betterave 30 min à frémissements. • Égouttez-les et garnissez l'intérieur avec le crémeux de fenouil confit.

POUR LES POIRES POCHÉES

• Épluchez et videz les poires par en-dessous. • Faites-les cuire dans le jus vinaigré au vin rouge et betterave 30 min à frémissements. • Égouttez-les et garnissez l'intérieur avec le crémeux de fenouil confit.

POUR LA POUDRE NOIRE

• Mixez la parure de biscuit, le beurre, la cardamome et le curry puis tamisez.

POUR LE SORBET POIRE

Mélangez la poire et le sucre et faites turbiner pendant 10 min environ dans la sorbetière jusqu'à obtention de la consistance souhaitée.

FINITION

• Déposez la gelée en fond d'assiette et, en suivant la courbe de la gelée, déposez une poire, le crémeux de fenouil confit, le biscuit viennois et le sorbet. • Ajoutez au centre une poire entourée de poudre noire.

Pour 4 personnes • 30 min de préparation • 30 min + 1 nuit • 1 nuit de repos

RHUBARBE EN CROÛTE DE SEL,

VERVEINE, PRALINÉ AMANDE, NOIX DE COCO

- ½ noix de coco

Pour la glace verveine :

- 500 g de lait demi-écrémé
- 200 g de crème liquide
- 160 g de glucose
- 100 g de verveine
- Le jus de ½ citron jaune

Pour la pâte à sel :

- 1 kg de gros sel
- 1 blanc d'œuf
- 160 g de farine

Pour le praliné amandes-noix de coco :

- 850 g de praliné amandes Valencia 70 %
- 130 g de beurre de cacao
- 40 g de chocolat de couverture Jivara® lactée 40 % (Valrhona)
- 170 g de noix de coco râpée et torréfiée
- 10 g de fleur de sel

Pour la mousse verveine :

- 1 l de crème liquide à 35 % de MG
- 250 g de verveine
- Copeaux de noix de coco déshydratés

• Cassez la coque de la noix de coco et épluchez-la de sorte d'obtenir des copeaux. • Déshydratez-les au four à 60 °C (th. 2) toute une nuit.

POUR LA GLACE VERVEINE ET LA RHUBARBE

• La veille, faites chauffer le lait, la crème, le glucose, la verveine et le jus de citron et laissez infuser hors du feu, à couvert. • Réservez au réfrigérateur. • Le lendemain, passez au chinois et turbinez à la sorbetière.

POUR LA PÂTE À SEL

• Préchauffez le four à 180 °C (th. 6). • Mélangez le gros sel, le blanc d'œuf, la farine et 20 g d'eau. • Formez une boule de pâte. • Étalez-la à l'aide d'un rouleau à pâtisserie sur environ 1 cm d'épaisseur. • Déposez-y 4 bâtons de rhubarbe non épluchée et recouvrez chacun d'un peu de pâte. Scellez-les bien hermétiquement avec vos doigts. • Enfournez ces 4 bûches de sel pour environ 8 min de cuisson. • Laissez refroidir. • Cassez la coque de sel et prélevez délicatement la rhubarbe. • Épluchez-la et réservez.

POUR LE PRALINÉ AMANDES-NOIX DE COCO

• Mettez à fondre au bain-marie le chocolat de couverture Jivara®, le beurre de cacao et le praliné amandes • Ajoutez la noix de coco et la fleur de sel. • Coulez aussitôt en cadre et laissez cristalliser.

POUR LA MOUSSE VERVEINE

• Chauffez la crème avec la verveine et laissez infuser hors du feu à couvert 15 min. • Laissez refroidir pendant 4 h, puis montez au batteur afin d'obtenir une chantilly à la verveine.

FINITION

• Déposez dans une assiette la rhubarbe cuite et donnez-lui une forme courbée. • Ajoutez des bâtonnets de praliné amandes-coco, une quenelle de glace verveine et la mousse verveine. • Parsemez de copeaux de noix de coco déshydratés.

Pour 4 personnes • 1 h de préparation • 20 min de cuisson • 1 h 10 de repos

TARTE CHOCOLAT AU LAIT,

FÈVE TONKA ET SORBET MÛRE

Pour le sorbet mûre :
- 200 g de mûres
- 10 g de jus de citron vert
- 90 g de sirop à sorbet (30°)

Pour la mousse lait/tonka :
- 25 g de sucre
- 50 g de jaunes d'œufs (env. 3 œufs)
- 125 g de lait
- 125 g de crème
- 7 g de tonka
- 550 g de chocolat au lait
- 500 g de crème fouettée

Pour le sablé cacao :
- 105 g de farine
- 30 g de cacao
- 120 g de beurre
- 50 g de sucre glace
- 0,5 g de sel
- 12 g de jaune d'œuf (env. 1 œuf)

Pour la tuile chocolat :
- 70 g de farine
- 70 g de blancs d'œufs (env. 4 œufs)
- 70 g de beurre
- 60 g de chocolat noir fondu

Pour la garniture aux fruits rouges :
- 50 g de myrtilles
- 50 de cassis
- 5 g de sucre glace

POUR LE SORBET MÛRE

• Mixez les mûres avec le jus de citron vert et le sirop, puis versez dans une sorbetière et turbinez.

POUR LA MOUSSE AU LAIT À LA FÈVE TONKA

• Fouettez le sucre et les jaunes d'œufs jusqu'à ce que le mélange blanchisse. • Préparez une crème anglaise : faites chauffer le lait, la crème et la tonka jusqu'à ébullition. • Laissez infuser hors du feu 10 min. • Versez le lait infusé sur le mélange jaunes d'œufs-sucre. • Faites chauffer à feu doux jusqu'à ce que le mélange nappe la cuillère, puis versez sur le chocolat. Mélangez puis ajoutez la crème fouettée.

POUR LA GARNITURE AUX FRUITS ROUGES

• Faites sauter à la poêle les myrtilles et le cassis à sec pendant 10 min. • Ajoutez le sucre glace et égouttez à travers une passoire fine.

POUR LE SABLÉ CACAO

• Mélangez tous les ingrédients dans l'ordre : farine, cacao, beurre, sucre glace puis sel et enfin jaune d'œuf. • Étalez la pâte au cacao en une couche de 3 mm d'épaisseur entre deux feuilles de papier sulfurisé. • Réservez au réfrigérateur pendant 1 h. • Préchauffez le four à 160 °C (th. 5-6). • Foncez la pâte dans des moules anti-adhésifs de 8 cm de diamètre et enfournez pour 10 min de cuisson. • Garnissez les tartes avec la mousse au chocolat au lait et tonka.

POUR LA TUILE CHOCOLAT

• Mélangez tous les ingrédients dans l'ordre : farine, blancs d'œufs, beurre puis chocolat. • Préchauffez le four à 155 °C (th. 5-6). • Étalez la pâte obtenue sur une feuille de papier sulfurisé en une couche d'1 mm d'épaisseur. • Enfournez pour 5 min de cuisson. • Dès la sortie du four, taillez à chaud des bandes de 2 cm de largeur sur 6 cm de longueur et roulez sur des cylindres pour qu'elles prennent la forme de tubes. • Laissez refroidir sur le cylindre.

FINITION

• Déposez au centre de l'assiette une tuile garnie de mousse au lait à la fève tonka, puis le sablé cacao, une deuxième tuile garnie du mélange myrtilles-cassis puis une quenelle de sorbet mûre.

TABLE DES MATIÈRES

LA MAISON
DE
CAMPAGNE

INDEX PAR INGRÉDIENT

Anchois

Asperge

Champignons

Choux

Crustacés

Foie gras

Gibier

REMERCIEMENTS

Je tiens à remercier les éditions Hachette pour leur confiance, Philippe Vaurès pour ses superbes photos et son professionnalisme, Caroline pour sa mise en table et sa patience, toute mon équipe de salle et de cuisine pour leur implication, leur professionnalisme et parce qu'ils me supportent au quotidien.
Sébastien et Guillaume, mes deux responsables de salle, Geoffrey mon chef pâtissier et Naomie, qui me seconde depuis des années... Merci à eux de me donner et d'avoir la même joie de travail et d'essayer au mieux de faire plaisir à nos clients.
Mes fournisseurs pour l'amour des produits et leur confiance.
Mes parents et mes beaux-parents pour l'amour qu'ils nous apportent tous les jours.
Manon et Gabin, nos enfants, pour leur gentillesse, leur amour et leur joie de vivre.
Et bien sûr, un grand merci à Fanny, ma femme, sans qui rien ne serait possible aujourd'hui, elle qui m'épaule depuis des années, s'occupe de la salle, de la communication, de nos enfants et de moi. Merci mon amour pour tout ce que tu fais.

Pierre Augé

Pour l'éditeur, le principe est d'utiliser des papiers composés de fibres naturelles, renouvelables, recyclables et fabriqués à partir de bois issus de forêts qui adoptent un système d'aménagement durable. En outre, l'éditeur attend de ses fournisseurs de papier qu'ils s'inscrivent dans une démarche de certification environnementale reconnue.

Direction : Catherine Saunier-Talec
Responsable éditoriale : Céline Le Lamer
Éditrice : Juliette Spiteri
Responsable artistique : Antoine Béon
Conception graphique : Nicolas Gallois
Mise en page : IDT
Correction : Mélanie Rebillaud
Fabrication : Amélie Latsch
Partenariats : Sophie Morier (smorier@hachette-livre.fr)

Dépôt légal : juin 2016
ISBN : 978-2-01-135634-5
66-7426-2/01

Impression chez Grafica Cayfosa, Espagne.
www.hachette-pratique.com

INTERDIT
AUX RÂLEURS
www.lamaisondepetitpierre.fr